本來
面目

The Original Face:
Collection of Talks on
Contemplating Mind

〈觀心銘〉講記

聖嚴法師 著

法鼓山
國際編譯組 譯

編者序

　　〈觀心銘〉是明末高僧憨山德清大師所著的修行心要。現代生活凡事講求迅速，結果反而讓人容易在忙碌中迷失自我，將外在環境誤認為自己的主宰。禪宗修行的第一步，便是找回自己那顆迷失的「心」。〈觀心銘〉全文僅二百零八字，卻完整地從「觀心」開始，指導禪修者體解至「無心」的境界，文字簡練，讓人感受到無限自在，無論禪修基礎深淺，皆能從中獲得莫大助益。

　　聖嚴法師的〈觀心銘〉講記整理為三部分，分別是：觀心原則、觀心方法，觀心悟境。在「觀心原則」中，法師透過〈觀心銘〉的詩偈說明，所有修行都不離身和心。必須先打破對身體的執著，平息因身體而起的煩惱，才能開始參究我們的心，以禪觀照破身心皆為迷妄。在「觀心方法」中，法師開示如何掌握修行的方法，打坐時所起的妄念其實與身體和外境無關，只與自己的心有關，若妄念生起，不必討厭或抗拒念頭，只管回到方法。在「觀心悟境」中，法師則說明無論追求境界，甚至神通，都無益於修行。藉由修行，讓自己能夠清楚心的變動，而後體證原來心外無佛，清淨心才是真正的

佛心。

　本書除了聖嚴法師的〈觀心銘〉講記外，另外收錄三篇文章，提供讀者更深入理解〈觀心銘〉。中研院研究員廖肇亨老師專文介紹憨山大師的思想背景，及其「融會諸家」對後世的影響。專研聖嚴法師教育理念與禪宗史的常慧法師，不僅特別撰寫導讀，說明聖嚴法師為何格外重視〈觀心銘〉，以及對〈觀心銘〉解釋的獨到之處，並且撰文介紹憨山大師的三「心銘」：〈澄心銘〉、〈觀心銘〉、〈師心銘〉，幫助讀者理解憨山大師從有相的次第修行，達無相的「心本是佛」的體證。

　聖嚴法師自 1975 年於日本取得博士學

位後，便轉赴美國弘法，在語言隔閡及缺乏
資源的情況下，即便居無定所，仍以「風
雪中的行腳僧」自許，走到每個需要他的地
方。到了 1979 年，時值五十歲的聖嚴法師
才終於創建在美國的第一個道場 —— 紐約
禪中心，隔年開始在此舉行一年四期的禪
期。本書內容便是法師於剛剛成立、百廢
待舉的禪中心，對中、西禪眾所進行的禪
七開示。原文在 1980、1981 年刊載於美國
《禪通訊》（*Ch'an Newsletter*）以及《禪
雜誌》（*Ch'an Magazine*），後由法鼓山國
際編譯組譯為中文，刊載於《人生》雜誌
385 期。

　　將博大精深的佛法，以現代人都能看懂

的白話文字，深入淺出地解說，使人受用於生活之中，是法師弘法的初衷。法師對〈觀心銘〉的詮釋，讓這篇精鍊的修行心要跨越了時空、語言，讀者都能因此照見本來面目。

法鼓文化編輯部

領略憨山大師的修行心要

釋常慧
法鼓山三學院監院

▌緣起

在我剛出家時,聖嚴師父(西元
1930～2009年)還是每三個月於臺、美兩
地奔波,當時開始閱讀師父在美國寫給僧眾
的書信,內心非常感動,感動於為人師者

對徒眾們道業的殷殷教誨、念茲在茲。於今，我人在美國弘化，聖嚴師父已經圓寂六年有餘，再讀這些書信，時空的流轉帶動了心境與視野的轉化，伴隨著無限的感懷，感懷於一位漢傳禪門宗師在異地艱辛的環境因緣中，依然心心繫念與踐履著「為付大法於西方，捨身命以報佛恩」的深弘大願。尤其在聆聽與整理當時的禪期開示時，師父為西方禪眾極具耐心地由淺入深、層層引導他們進入禪門大海，對於師父的善巧方便、言辭譬喻，每每掩卷慨嘆：「予何人也，吾何人也？」

1980 年中，居無定所、在街頭流浪了三個月的聖嚴師父，終於在眾西方弟子的協

助下，完整收回於 1979 年底購得的紐約艾姆赫斯特區（Elmhurt）可樂那道的二層舊樓房。即便新道場正在整修過程中，師父仍決定於此新開創的道場「禪中心」開始舉行一年四期的禪期。這一年的 5 月舉辦了在禪中心的第一次禪七，而聖嚴師父也正式開始在禪期中的每個晚上，固定有將近二個小時（含英語口譯）講解禪宗祖師的開示著作，這次禪七講的正是〈觀心銘〉，總共用了五個晚上的時間講完。

∥〈觀心銘〉重在觀心無相

〈觀心銘〉是明末憨山德清大師（西元

1546 ～ 1623 年）的著述，相較於〈澄心銘〉有標示為居士而作，〈觀心銘〉僅列在《憨山大師夢遊集》的各「銘」選集中，目前尚無法查證是於何場合、為何人而著述。從比較作者其他「銘」體著述來看，〈觀心銘〉傾向於指導禪修者如何修行、指明修行「心要」的詩偈，而且著重在諦「觀」此「心」「無相」這方面。如同聖嚴師父所言：「這首詩提到的修行方法都離不開身和心，它們是修行的工具，但主要談的是心的作用。」

‖ 首四句破題：全詩主旨

　　全詩首四句：「觀身非身，鏡像水月。觀心無相，光明皎潔。」即開宗明義地提出全詩的主旨：修行是以「身」與「心」為對象，最終目標則是要達到「觀心無相，光明皎潔」，但是，要能「觀心無相」，則必須先從「觀身非身」開始，即要能觀身「非身」。如何知道「身」「非身」呢？憨山大師僅以如鏡中像、水中月之「鏡像水月」一語帶過。聖嚴師父對此則以「五蘊」與「四大」進一步說明「身」與「心」的意涵，以及二者之間互為因果的關係。其中提到一個非常重要的觀念：若能體證到身體是虛幻

的，心就會安定下來，煩惱也會消除。以解構的方式打破對色身的執著，再進一步去破除「身體是真實存在」的錯誤知見後，就可以開始來參究我們的心了。

這是聖嚴師父對一般禪宗祖師強調「直指人心」的修證方向上，藉著對〈觀心銘〉的詮釋，進一步強調了「觀身」的前方便，為現代社會中較無修行基礎的人，具體指出了修行的下手處，以層層漸次地進入修心的狀態。

▌闡釋聖凡之心的樣貌

〈觀心銘〉在首四句之後，開始解析

「心」的無相與著相狀況，進而提出讓「心」「離相」的方法，以及心在離相後的妙用。因此，聖嚴師父在最後，歸結此詩偈即在講述心的本質和一般狀況，特別是憨山大師對修行及開悟的詮釋。修行到最後，會發現：心的本質是無相的，但，行者要如何判斷真正達到觀「心」「無相」，以及此無相的心是「光明」又「皎潔」呢？

從「一念不生」到「總歸一竅」，則較明確地闡述心「空而無相」、「具含眾妙」樣態。聖嚴師父依此點撥行者：在修行一段時間後，只要一念不生，即是在無念、無相的狀態，此時心是不動而又清楚覺知、照亮一切，即能自然生出種種度眾生的善巧方

便，此心即是智慧心、佛菩薩的心，是廣大無邊、任運自如的。

心，有聖凡之別嗎？聖嚴師父指出：「凡夫心與聖人心並沒有不同，只是凡夫表現出來的是煩惱，而聖人表現出來的是智慧。」如何讓凡夫之心轉為智慧呢？首先，要能清楚辨別煩惱心的狀態。一般凡夫的心，常常為了利益色身，而著於種種外在可見或不可見的物質相（形與氣），內在因而生起與貪、瞋、疑、慢等相應的妄想，進而引發種種導致煩惱與痛苦的行為，障礙了清淨心的顯現。

其次，從觀念與修行過程中發現到：這些妄想執著，是在不斷的變化中，沒有固定

不變的樣貌，心也不曾停留在任何一個念頭上，並體證到「心實無一物、念頭是虛幻不實的」，能如斯「諦觀此心，空洞無物」，聖嚴師父說：「如聖人般的智慧之心就會開始顯發出來，並逐漸增長。」

▌諦觀此心的方法

憨山大師在許多的書信中，為不同的對象指導了不同的方法，有念佛、有參話頭等，在此，則提出「持咒」的方法，以及「急處迴光，著力一照」、「念起即覺，覺即照破」，類似默照的方法直接觀照此心。「持咒」是所緣境非常明確的修行方法，憨

山大師喻之為「磨」鏡的「藥」，用意在除
塵垢，即是以一個穩定的所緣境──持咒，
將動亂不安的妄想漸漸安止、不動，當能持
續安止不動時，持咒的方法也要捨去。

聖嚴師父在詮釋這些偈子時，對於「妄
念」的狀態、對治方法說得非常詳細，認為
念頭不可怕，問題在於你有沒有覺察到它，
如果念頭一起，馬上就發覺，它會激勵你更
加努力修行。相較於從來沒有修行、無法停
止妄念者，一位修行用上工夫的人，心就會
像鏡子一樣，所有影像照過了就消失，不留
下痕跡。再進一步，能明白：一切事物都是
由心所造、不停地在變化中，沒有善惡、好
壞之分別時，就真正在「諦」觀此心「無

相」了。

▌ 心無相的作用

〈觀心銘〉在最後提到：當心無著、無相時，是可以發揮「廣大神通，自心全具。淨土天宮，逍遙任意」的功能。關於「神通」，聖嚴師父用了不少篇幅釐清觀念。他說明「神通」有二層意義，除了一般人知道的特殊能力、神力，還有另一層更重要的意義，即是用我們的心力與眾生溝通、與眾生結緣，如同歷代祖師以他們的言行、著述利益世世代代的大眾，而不是提供一般神力的那種廉價的刺激或興奮。師父在這個部分的

辨析,是非常值得細讀的!

　　當一個人修行能達到心的清淨,不僅是身心可有特殊的反應,更重要的是:如果時時刻刻保持自心的明朗和清楚,已經沒有什麼可以困惑你,而你對三寶、眾生等的感恩之心也能自然流露出來,沒有阻礙,這即是自性佛心的展現。

‖ 結語

　　憨山大師的〈觀心銘〉是以詩偈的方式道出修行的「心要」,非常簡潔扼要。若能常常自誦、自念此詩偈,的確可以達到修行的指引與警惕作用。然而,若能閱讀聖嚴師

父在禪七期間講解此詩偈的內容，則能進一
步建立正確而具體的修行觀念與方法。

　　全詩的詮釋重心在於：先建立行者本具
清淨自性的信心，其次令行者能理解心性本
淨的樣貌，但因為眾生對身心、外境的染
著，而生種種虛妄相，令心不明淨。然而，
只要行者能時時運用持咒、觀心、覺知等禪
修的方法，即可讓心漸漸回到任運自在、無
礙無著的「虛靈寂照、具含眾妙」的作用。

　　行者若能依循「信、解、行、證」次第
而入，不論在精進禪修或生活日用中，即能
具體掌握淨化身心的方向，漸漸能夠具足
「自離煩惱、度化眾生」的能力與體證了。

海湛空澄雪月光
——憨山大師的禪修歷程

廖肇亨

中央研究院中國文哲所研究員

憨山大師異軍突起於晚明，是晚明佛教復興最重要的旗手之一。當代高僧虛雲老和尚（西元 1840～1959 年）屢屢稱之，致以憨山大師後身自況，平添無限遐思。

　　其實，在憨山德清生前，他種種特殊
的經歷已十分令人側目，各式各樣的神奇
傳說已不脛而走。憨山德清高足顓愚觀衡
（西元 1579 ～ 1646 年）甚至煞有介事說
憨山大師為陳亞仙（曹溪地主）後身，逼
得許多當時名流出來否認這件事情，也有
人說憨山大師是六祖惠能（西元 638 ～ 713
年）再來。縱使未必真正讀過憨山大師的
著作，但人們對他超凡的生平經歷總是那
麼一絲絲好奇。

　　雖然如此，晚明禪門中人對憨山大
師似乎沒那麼敬重，晚明禪家自從密雲圓
悟（西元 1566 ～ 1642 年）標舉臨濟正脈
開始，其後人往往將憨山大師列為「不詳

法嗣」，憨山大師對此評價亦多少有所耳聞，其不以爲然之情亦在意料之中。客觀來說，憨山大師出身南京大報恩寺，原本就是華嚴宗大本營，少年時期的憨山大師雖然奮力修禪，但於經教從來不敢放鬆，觀其著作目錄，可謂「遍注群經」，晚年更奮力完成《華嚴經綱要》，賢首一門可以說是他畢生的心志。

但禪修也始終是憨山大師最重要的關懷與自信所在，憨山德清的禪法多少帶有教家色彩固然是不爭的事實，不過不能因爲這樣，就對他的禪修工夫與境界有所懷疑，至多只能說大師禪教並重或源出多方，駁雜之譏，當日容或有之，不過今日

視來，憨山大師積極轉化不同來源的知識，此等作法，可能更具有現代意義。

▌發悟無人請益，以經典印心

綜觀憨山大師的生平，於禪修一事，曾得力於南京棲霞山雲谷法會（西元 1500 ～ 1575 年）、少林寺的幻休常潤（西元 1514 ～ 1585 年，北方曹洞），以及臨濟祖師笑巖德寶（西元 1512 ～ 1581 年）等人，亦是一時之選，皆非泛泛之輩。眾人之中，特別值得注意的是起手接引入門的雲谷法會。

雲谷法會可不是普通人物，而是在流

傳至廣的善書——《了凡四訓》中出現的
雲谷禪師。袁了凡就是接受了他的教誨，
才重新認識到因果運命的道理，對人生有
不同的體悟。透過《了凡四訓》，雲谷禪
師大名廣為世間所知，鮮明的智者形象更
是眾生膜拜崇仰的對象。憨山大師雖然轉
益多師，但雲谷禪師對形塑憨山大師人生
卻有幾層重要的意義：

　　（一）憨山大師說雲谷禪師「教以念
佛審話頭，是時始知有宗門事」，是以知
其修禪入手，受雲谷啟發，在於「念佛是
誰」公案，憨山大師又說他「特揭唯心淨
土法門」、「發揮四法界圓融之妙，皆歎
未曾有」，雲谷禪師禪、淨、華嚴各種家

數融合無間的特色，箇中眞意，憨山大師
想必體會最深。

（二）憨山大師十九歲本有意還俗，
雲谷禪師勸他以高僧古德自許，後來憨山
大師得《中峰廣錄》以告雲谷禪師，雲谷
禪師勸他：「熟讀此書，便知僧人高貴之
處。」事實上，憨山德清一生中，屢屢重
刻《中峰廣錄》一書，除了對中峰明本
（西元 1263 ～ 1323 年）的敬慕之外，恐
怕也相當程度地寄託了對老師雲谷禪師的
交代。

雖然雲谷禪師可謂憨山大師在修禪
一事的啓蒙師，但修禪畢竟如人飲水，冷
暖自知，一切仍必須自我體會。憨山大師

後住五臺山，在五臺山上靜坐得力，憨山
大師自述三十歲在五臺山上，一日粥後經
行，忽然立定，不見身心，光明如大圓
鏡，山河大地，影現其中。及覺，一切湛
然，自覓身心，了不可得。即說偈曰：

　　瞥然一念狂心歇，

　　內外根塵俱洞徹。

　　翻身觸破太虛空，

　　萬象森羅從起滅。

　　幾乎可以說：憨山大師當日已經證入
大圓鏡三昧境界當中。重點是他自言發悟
無人請益，只好以經典印心，特別是《楞

伽經》。經典印心一事幾乎是憨山大師的
日常功課。又有一次，憨山大師四十一歲
時在山東嶗山，大雪之日，靜坐夜起，見
一片空澄，雪月交映，忽然身心世界，當
下平沉，如空花影落，洞然一大光明藏。
說偈曰：

海湛空澄雪月光，
此中凡聖絕行藏。
金剛眼突空華落，
大地都歸寂滅場。

隨即取《楞嚴經》印證，開卷即見：
「汝身汝心，外及山河虛空大地，咸是妙

明真心中物。」心目朗然，又提筆述《楞嚴懸鏡》一卷。

這兩次特殊的體會可說是憨山大師修證體悟的真實心得，就此觀之，憨山大師禪修境界之高，實非當日信口雌黃之流所能比肩。

▌貶謫嶺南，移植禪風

憨山大師生命中一段最特別的時光，首推流謫嶺南時期。明代中葉以前，嶺南宗風不盛，憨山大師得罪當道，流放嶺南，同時許多文士大夫亦皆同在嶺南，彼此談禪論道，遂將當時江南盛行的禪風移

植到嶺南地方，流風所及，亦成就不少嶺
南高僧，例如木陳道忞（西元 1596 ～ 1674
年）就明言出家就是直接受了憨山大師的
影響。《憨山老人夢遊集》中收入當日嶺
南從遊諸人之作甚多。

　　收入聖嚴法師所編《禪門修證指要》
的兩篇作品，〈觀心銘〉與〈初心修悟法
要〉（原名〈答鄭崑巖中丞〉）二文皆成
於嶺南時期，兩文都是為接引初機而作，
後者就工夫進程細加詮解，關於「觀心」
一事，憨山大師另有〈觀心說〉一文，就
觀心一事說道：

　　　觀心，第一微妙法門也。夫心為一身

之主、萬行之本。心不明，欲身正而行端者，鮮矣。是故世間一切種種苦惱，皆從妄想顛倒所生，若顛倒不生，則生無生矣。無生則雖生而無生；生而無生，則念亦無念；無念則顛倒何起？有起則非正觀也，正觀則無不正。

這段話強調的工夫大概就是〈觀心銘〉的「念起即覺，覺即照破」。心本光明，不用求真，但除妄想，自然能夠隨處作主，觸處不迷，當然也有類似止觀的作用。憨山大師論禪側重在真常本心，融會諸家（甚至包括儒家、道家），其實當時諸方大家莫不如此，不易由此看出憨山大

師獨到的特色。

‖ 如聞塗毒鼓，聞者皆喪

不過，禪修一直是憨山大師體契聖教最重要的方式，雖然晚明禪家有時將憨山大師列為「不詳法嗣」，但這一點也不影響後世對他的尊崇。其高足顓愚觀衡曾經形容憨山大師：

> 慣拋金剛圈，單打生鐵棒。初在東海鼓風作浪，後在嶺南吞煙吐瘴。剜人眼睛，食人五臟。但遭其手，渾身俱喪。多少癡人。被你惑誑。我今識破你了。

　　「塗毒天下人耳目」是佛門中人最高的讚譽，這裡完全是用這種反面的語氣表示對大師的崇敬，同時就禪法的高妙與影響深遠二者兼而論之，較之肉身不壞、全身舍利等種種神奇靈異的傳說，或許這才是憨山大師永恆光明的清淨法身吧！

目錄

〈觀心銘〉

明 ‧ 憨山大師

觀身非身，鏡像水月。

觀心無相，光明皎潔。

一念不生，虛靈寂照。

圓同太虛，具含眾妙。

不出不入，無狀無貌。

百千方便，總歸一竅。

不依形氣，形氣窒礙。

莫認妄想，妄想生怪。

諦觀此心，空洞無物。

瞥爾情生，便覺恍惚。

急處迴光，著力一照。

雲散晴空，白日朗耀。

內心不起，外境不生。

但凡有相，不是本真。

念起即覺，覺即照破。

境來便掃，掃即放過。

善惡之境，隨心轉變。

凡聖之形，應念而現。

持咒觀心，如磨鏡藥。

塵垢若除，此亦不著。

廣大神通，自心全具。

淨土天宮，逍遙任意。

不用求真，心本是佛。

熟處若生，生處自熟。

二六時中，頭頭盡妙。

觸處不迷，是名心要。

（錄自《憨山大師夢遊集》卷三六，《卍續藏》卷
一二七）

第一部

觀心原則

憨山德清生於 1546 年，歿於 1623 年，
為明末佛教四大師之一。

他在七歲時，心中便興起了生從何處
來、死往何處去的疑惑。九歲時入寺廟學習
經論，直到十九歲才出家、受戒。他最初立
志學禪，因沒有成果而轉修念佛法門，對修
行有了較深的體會。之後，他再重新修行禪
法，終於獲得了成就。

▋從教入禪，融合諸宗

憨山大師在聽講《華嚴玄談》時，體會
到法界圓融無盡的深意，至微小之物能含藏
整個宇宙。然後在閱讀僧肇撰的〈物不遷

論〉時開悟，並作了一首詩偈：

死生晝夜，

水流花謝；

今日乃知，

鼻孔向下。

妙峰禪師（西元 1539 ～ 1612 年）問
他見到了什麼，憨山答道：「昨天晚上，我
看到兩頭鐵牛在河邊相鬥，結果入水去了，
現在已經不見蹤影。」

夜來見河邊兩箇鐵牛相鬥，

入水去也，

至今絕消息。

又有一天早上，憨山大師吃完早齋正在
經行，忽然進入定境，見到一片光明，就好
像大圓鏡一般，山河大地、一切萬物，全都
映現其中。然後他突然出定，感覺身心一片
清淨明朗，體會到無一物可得，於是又作了
一首詩偈：

　　瞥然一念狂心歇，
　　內外根塵俱洞徹；
　　翻身觸破太虛空，
　　萬象森羅從起滅。

　　憨山大師四處雲遊多年，在當時幾位高僧座下參學，並長時間獨自隱居在僻靜的山中。他也積極從事多項慈善救濟活動，並弘揚佛法，講述了各種經典。此外，他也是學者和作家，留下許多著作，涵蓋了佛教各種不同的面相。

　　憨山大師就是如此，一方面以禪修與研教來開發智慧，一方面以慈悲行來廣修功德，樹立了菩薩行的典範。大師並順應當時的風氣，對佛教各宗派不嚴加區分，而是兼容並蓄、融合諸宗，甚至將儒家的思想元素融入了佛教。

　　然而，憨山大師的特色是將禪宗簡樸嚴峻的實修，與華嚴宗（以《華嚴經》為宗）

無盡圓融的廣大教理融合爲一。而他的不壞
肉身，直至今日還留存於中國大陸六祖惠能
的廣東南華寺裡。

　　憨山大師寫了許多有關修行方法的詩
偈，〈觀心銘〉是其中一篇。這篇非常簡短
的「銘」，或是說偈頌，所提到的修行方法
都離不開身和心；除了身和心之外，也沒有
其他東西可以當作修行的工具。其實，這首
詩偈主要談的是心的作用，不過，因爲一般
人的心是非常容易受到身體的影響，自然要
從身體講起。

‖ 認清四大假合

　　觀身非身，

　　鏡像水月。

　　觀心無相，

　　光明皎潔。

　　憨山大師這首詩是要教我們，觀身不是
身，身體並非實有。「相」這個中文字，意
思是「形相」或「特色」。在佛教的解釋
中，「相」是指物質世界，即五蘊的第一個
色蘊，蘊集了種種現象，包括身體在內。
這些蘊或說「聚」，和合而造成了存在的

假相。

　　色蘊是指物質的部分，其他四蘊——
受、想、行、識，則是指心理部分；能夠五
蘊觀得徹底的人，可說已經開悟了。此外，
根據佛教的分析，身體也是由地、水、火、
風四大組成的；當然，以現代術語來說，應
該稱爲「化學元素」，不過我們還是沿用原
本的用詞好了！

　　如果把這些物質成分拆解開來，我們的
身體就不存在了。那麼四大爲什麼會結合
呢？這是因爲過去的業力。既然身體是過去
業力所造成的結果或映現，那就像鏡裡的影
像或水中的月影一樣，並不是眞實的。

　　如果心不造業，四大就不會積聚、結合

而形成身體。如果我們把過去心造業所產生
的身體，當作是真實的，那就像是把水中的
月亮或鏡裡的影像，看成真實的一樣。而且
這個身體不斷在變化著，並沒有一個真正固
定不變的存在。

如果我們能體證到身體虛幻的本質，心
就會安定下來，煩惱也會消除。為什麼呢？
因為我們所有和貪、瞋、癡有關的煩惱，都
是來自於這個身體，認為「身體是我」，因
此想要保護它，為它追求利益，所以產生了
財、色、名、食、睡等五欲。

要消除煩惱，首先要打破對身體的執
著，然後再破除「身體是真實存在」的知
見。但要破除這種經中稱之為「薩迦耶見」

的知見並不容易，就好像是要剷除一座山一樣地困難。因此憨山大師告訴我們，一旦能觀身體是虛幻不實的，就可以開始來參究我們的心了。

▌心如太虛空般圓滿

　　修行要從「觀心無相」著手。一般來說，心有各種狀態或特徵，例如貪婪、怨恨、愚癡、憍慢、懷疑、嫉妒、自私等，全是因為身體的緣故才產生。也許有人認為：「死了就沒有煩惱，因為不再有身體了。」可是你死後還會有身體，所以還是會有煩惱。因為當這個身體消失時，另一個新的身

體又會開始；有身體就會有煩惱。

　　如果心有定相，就無法改變，那好人永遠是好人，壞人永遠是壞人，修行就沒有意義了。但心不是這樣，總是不斷在變化。凡夫心和聖人心並沒有不同，只是凡夫表現出來的是煩惱，而聖人表現出來的是智慧。

　　　　一念不生，
　　　　虛靈寂照。
　　　　圓同太虛，
　　　　具含眾妙。

　　心中一個念頭都沒有時，是極爲明朗清淨的，但並不是一片空白。空白虛無的心不

是真正的無相，因為空白本身就是一種相。無念的意思就是無相。在這種狀況下，心是不動的，但又清清楚楚地覺知一切。

雖然智慧如虛空，但是有作用。有什麼作用呢？雖然智慧本身不動，卻能反映、照亮一切。就像月亮一樣，能反映在任何有水的地方。雖然反映出的月影都不一樣，但月亮本身是相同的，持續不斷在照耀。它不會說「我在照耀」，而只是照耀著。

「圓同太虛」，我們的心像太虛空般圓滿，因為所謂「太虛空」是無限的，我們的任何一個現象沒有不在太虛空裡；在太虛空裡，因為是無限，所以自己沒有感覺到動或不動，可是太虛空裡所有一切的現象產生或

不動，並沒有因為太虛空不動而也不動了，
那些現象的東西照樣在動。

因此，我們的心如果像太虛空的話，
雖然我們在日常生活之中，接觸到任何現
象，可是這些現象並不會影響到心的清淨或
普照的功能，這就是「具含眾妙，圓同太
虛」，也就是智慧心，是佛菩薩的心，也是
救度眾生的能力。

▌修行總歸一心

不出不入，
無狀無貌。

　　修行就是修心。如果觀心能夠得力，內心的一切功德妙用便可任運自如。不過，只要有一個念頭生起，一切就會晦暗下來。

　　如果在修行中，你覺得自己的心無限地擴展，這種感覺剛好就顯露出你目前的境界。如果你突然覺得：「呀，我已經見到廣大無邊的虛空，我解脫了！」實際上你還在有限的境界當中。只有「不出不入」才是真的廣大無邊。既然廣大無邊，就沒有邊界，所以也無法找到「入口」；想要出去，就表示心中還想像著有一個更高的境界，所以也不能有「出去」。這就是極大等同於極小的意思。

　　譬如太虛大師，在他第一次的悟境中，

見到了光音無限，感覺自己處在一個非常深遠的境界裡。但這依然不是「太虛」，因爲還是有形有相。可是在第二次的經驗中，就感覺沒有什麼可以說明或描述的了。如果還有什麼可以描述的，那就不是無相了。

百千方便，
總歸一竅。

「方便」，是種種幫助自己和別人解脫的方法，是修行帶來的豐碩產物；而解脫就是從愚癡轉成智慧的意思。「竅」的字面意思是洞或穴，在這裡是解釋爲「心」，但並非指一個心或一個念頭，而是一個無限的本

身，也就是智慧。

在中國的神話裡，宇宙最初只是一片混沌，後來出現一位神祇，用鎚子把它敲破了一個洞，因此分出了天和地、日和月等。「竅」也有智慧的意思；如果要說它是「心」，就必須說「清淨心」。

‖ 不隨妄想起舞

> 不依形氣，
> 形氣窒礙。
> 莫認妄想，
> 妄想生怪。

　　和「竅」一樣，這篇詩偈有好幾個字是
源自儒、道思想，其中兩個便是「形」和
「氣」。形和氣，是形質與能量的意思，在
這裡解釋爲「物質的存在」。有句話說：
「形而上者謂之道，形而下者謂之器（道器
／理氣）。」最接近「氣」的解釋，就是生
命能量，它驅動整個宇宙；有氣的地方就有
形質。

　　雖然氣是無形的，但我們卻可以看到它
的效能；就像看到樹枝在搖動就知道有風一
樣。「形氣」包括所有的形質與能量，可見
與不可見的東西；只要是有形質與能量，就
有障礙。所以，請大家不要依賴任何「物質
的存在（形氣）」來降伏妄想──因爲它就

是妄想的起因。

「妄想」是什麼呢？打坐時，你們覺察到妄念了嗎？希望你們覺察到了。可是回到日常生活當中，你真的相信自己的妄想嗎？你相信自己的體驗、計畫、能力和知識嗎？這些究竟是什麼東西？

它們只是一連串或多或少有所關連的妄念罷了。如果你真的依照這些妄想去行動，就會發生千奇百怪的事情。「妄想」是說奇怪、怪誕的事物。你對它們愈深信不疑，就愈可能發生奇怪的事情。

有品德教養的人，比較不會隨著自己的妄想起舞，而引發許多怪異的事情。這種人不相信自己的妄想，依循著自己和社會的道

德來過日子。如果你相信妄想而且還照著去
行動，在日常生活中就會遇到許許多多的
問題。

妄想往往是五欲造成的；人們為了滿足
五欲的需求，於是四處尋求物質或肉體的享
樂，結果你真的心滿意足了嗎？就以食物為
例吧，吃完一餐之後，你滿足了嗎？當然暫
時是滿足了，但是再過幾個小時，又會開始
渴求食物。這是無窮無盡的循環！你不但現
在掛念著要找東西吃，還會掛念到老。欲望
的確是沒有止境的。

‖ 烏雲背後的陽光

諦觀此心，

空洞無物。

瞥爾情生，

便覺恍惚。

　　如果我們觀心觀得好，就會發現心中無
有一物；如果心中有某樣東西，比如情緒，
那表示心中仍然有執著。只要剎那間生起執
著或突發的情緒，心就開始動搖了。

　　急處迴光，

著力一照。

當你感到內心很混亂，要馬上覺察並告訴自己：「這是虛幻的，是執著。」這樣你的智慧就會開始起作用，並逐漸增強。問題是，當內心混亂時，你可能無法隨時覺察出來。

根據祖師們的說法，開悟非常容易，只要用智慧照破自己的妄念就可以了。可是內心迷亂的人，總是認為自己的看法是真確的，而且看得很清楚，因此不會想到要去找尋智慧的光。只有當你看到自己的迷妄混亂時，才能從危險的境地中迴轉過來。

（講於 1980 年 5 月紐約禪中心第一次禪七。法鼓山國際編譯組譯自 1980 年 *Ch'an Newsletter* No.6, Han Shan Teh-Ch'ing 暨 1981 年 *Ch'an Magazine* 第二卷第五、六期 On Han Shan's Poem: "Contemplating Mind"）

第二部

―――――――

觀心方法

雲散晴空，
白日朗耀。

看到自己的迷妄後，如果能夠努力修行，體證到本來空寂的心，你的心就會和烏雲散盡的天空一樣。有時在修行當中，會感覺自己好像沒有任何念頭了，但心仍然不是真正的清楚明朗；這就像薄霧瀰漫的大熱天，水氣蒸騰，將太陽遮蔽了一樣。

禪期開始幾天後，有時我會問禪眾，你覺得自己離開悟還有多遠？有人回答我：「嗯，好像就在轉角處，但是還看不到它。」有時雖然看不到太陽，但在烏雲的邊緣，綻露出絲許的陽光，因此我們知道太陽

就在那裡。

你們當中有多少人看到了烏雲覆日的陽光呢？只有看到了光芒，才會知道雲的背後有個燦爛的太陽在照耀著。否則你只能人云亦云，按圖索驥而已。那些已經看到陽光的人，信仰會更加堅定，也會更加精進地修行。因此，修行者至少要努力去看到黑暗妄想雲背後的陽光，即使一絲也好。

▌只管回到方法

內心不起，

外境不生。

但凡有相，

不是本真。

如果念頭不起，就不會感受到心外有任
何東西；如果你以為心外有東西顯現，那只
是妄想。《六祖壇經》中說：「不是風動，
不是幡動，仁者心動。」

當心安止的時候，外面就沒有任何東西
可以誘惑、擾亂你。擾亂你的念頭究竟是來
自外在還是內在？如果只有內在的念頭困
擾你，那你修得很好。要修到連內在的念頭
也止息下來，並不容易。

與身體有關的感覺，例如：餓、冷、
熱、痛，實際上都是外在的東西，而生起的

貪、瞋念頭，只與心有關而與身體無關。譬如，我告訴大家：「當身體和方法都不見的時候，請告訴我，我會給你新的方法。」

因此在打坐時，你們可能會想：「奇怪，我的身體怎麼還在？身體，快給我走開、給我消失！我要新的方法。」當身體終於消失了，又會想：「怎麼回事？為什麼方法還在？什麼時候才會消失呢？師父提到的光音無限的境界，我怎麼還沒體驗到？也許等一下就會出現。」

「師父講了好多內容，那到底是什麼意思？為什麼我哪裡也到不了？對了，師父說不要這樣想，最好不要勉強，也不要老是想求開悟。好，我不想了，只管修行就好。這

一次我不再怕死，可是好像也死不了耶，怎麼辦？」

打坐時，這些與自己的對話和身體或外境無關，它們是由內心生起的，而且都是些無意義、紛亂的妄想。要如何擺脫它們呢？很簡單。當一個念頭生起時，不要管它，立即回到方法就好。

不管妄念是由心或環境引生的，都沒有真實性。也許有人會說：「雖然我知道妄念不是真的，可是拿它們一點辦法也沒有。」這就是為什麼需要修行的原因，至少可以幫助那些已經知道自己是迷亂的人，讓他們有辦法來處理妄念。

‖ 心不要像照相機

念起即覺，

覺即照破。

境來便掃，

掃即放過。

提到修行，我們經常說：「不怕念起，只怕覺遲。」有念頭不是件可怕的事情，問題是在於你沒有覺察到它。如果念頭一起，你馬上就發覺，那就沒有關係。

妄念會激勵你更加努力修行。如果完全沒有念頭生起，你的心就是清淨的，也不需

要修行了。從來沒有修行過的人，可能知道自己有妄念，但是卻沒辦法讓它停止。

如果修行用上了工夫，不管什麼念頭來了，都可以立刻掃除。「掃」的意思是不去理會它，而不是討厭或抗拒它。不然要如何掃除念頭呢？如果用別的東西來抗拒它，那個東西本身也是一個念頭。就好比我為了要擺脫張三，找來李四幫忙，結果等張三離開，我又被李四纏住了。

如果我再找王五來擺脫李四，王五仍留在那裡。不管找多少來人來趕走另一個人，結果總會有一個人留下來。如果念頭已經消失，你卻陷在那個情緒中，心想：「真倒楣，希望它別再來了！」那麼你的心一定會

散亂。

　　接著你就會開始想：「我滿腦子都是雜念妄想，一點希望都沒有，我還是放棄打坐吧。」如果你是這樣修行，雜念並不會被掃除，只會愈掃愈多。因為你沒有放過這個念頭，沒有放過心裡面的境界，如果放過了就沒有問題了。這是因為你還停留在妄念生起心的狀態中，還未放下。

　　或是你是屬於那種想抓住妄念，並告訴它「我不會再讓你冒出來」的人？你真的做得到嗎？如果你真的可以看住念頭，那表示你在觀照著念頭。如果你繼續觀照念頭，這種觀照的心就變成你的方法了。

　　這可能嗎？有些人一開始是參「什麼

是無？」的話頭，到最後卻變成參「我是誰？」。後來他們甚至忘了這句話，只是問「我、我、我」。我有個學生，一開始是參「什麼是無？」，結果到頭來卻問起「我的心在哪裡？」我告訴他，那不是正確的問法，要他參無的話頭。但他還是到處找自己的心。最後，他在外面撿到了一根羽毛，說道：「啊！我的心在這裡！」

　　如果你能牢牢看住一個妄念，不放下它，這本身就是一種方法。如果你無法看住一個念頭，那麼不管是好是壞，任何念頭都是擾亂你修行的妄想。最重要的是，不管是什麼，過去了就放下它。你的心應該像鏡子一樣，而不是像照相機。任何被照相機拍攝

到的東西，都會存錄下來；而鏡中的影像，
在物體移開後就消失了。

▌不著相不分別

善惡之境，

隨心轉變。

凡聖之形，

應念而現。

　　一切事物都是由心所造，如果心不動，
就不會起任何分別。由於個人的情況，我們
會把某些東西看成好的或壞的。但這一切都

不停地在變，而那些東西本身也沒有固定不變的特性。善惡並沒有一定的標準，端看你當下的主觀看法而已。

受到個人心境的影響，人們會將某些人當作凡夫，某些人當作聖人。譬如，對有些人來說，耶穌是個壞人，應該被處死；但對他的弟子而言，他則是個聖人。曾經有一個學生，在禪期間十分用功，禪期結束後，她說她看到我在放光，於是就跪了下來，把我看作一個聖者。後來，她沒有再來參加禪修，看我又不過是個普通人了。

根據佛法，聖或凡都只是我們心中的分別。即使像佛陀或耶穌這類人，他們的神聖性也是來自人們主觀的價值判斷。並沒有一

個客觀的評斷標準，只是自古以來，有許多人都看到了他們的神聖性。或許那些人也實踐了他們的教法，並得到一些實際的利益。其他的人，只聽說了這樣的事而沒有直接的體驗，也跟著把他們看作是聖者。

佛陀看眾生，所有的眾生都是佛；但眾生看佛的時候，看到的是什麼？當釋迦牟尼佛走過森林或恆河岸時，你們以為所有的鳥、螞蟻和小動物都知道自己看到的是佛嗎？如果你生活在那時代，卻從未聽過釋迦牟尼佛這個人，當你看見他的時候，會認為他是佛？或只是一個遊方的苦行僧呢？

當我們認為某樣東西是好或壞時，存在的只是我們的觀念罷了。當我們說「這是好

人」、「這是壞人」或「我喜歡這個人」、
「我討厭那個人」，這些也只有在我們想到
他們的時候才會存在。如果我環顧這房間而
不做任何分別，我會看到什麼呢？九個人或
一個人？事實上，雖然有九個人，在我心裡
面根本沒有人。如果我有看到，即使只看到
一個人，我的心已經著相了。這樣懂了嗎？

持咒觀心，
如磨鏡藥。
塵垢若除，
此亦不著。

修行方法對正在接受訓練的人非常有

用，但對已經達到無念或已經完成修行的人來說，則是多餘的。有些人當修行很順利時，突然問自己：「我還在用方法嗎？方法到哪裡去了？」本來很順利，但一旦有了這種念頭，反而破壞了專注力。這就像戴了一副很適合自己的眼鏡，非常自然、非常舒適，結果竟忘了自己正戴著它，而忙著去找眼鏡，有些人甚至是摘下眼鏡來找眼鏡。

當方法用得正好時，你會忘記自己正在用方法。當你渡過橋，到了對岸，你說：「橋到哪裡去了？我怎麼不在橋上？」都已經到了岸，要橋做什麼。方法只是幫助我們到達目的地的工具，一旦抵達了，對你就不再有用。

（講於 1980 年 5 月紐約禪中心第一次禪七。法鼓
山國際編譯組譯 1981 年 *Ch'an Magazine* 第二卷
第五、六期 On Han Shan's Poem: "Contemplating
Mind"）

第三部

———————

觀心悟境

‖ 神通無法消除業力

廣大神通，

自心全具。

有些人不停在找有神通的人，希望從他
們身上得到一些神通力，或是獲得一些利
益。有一個學生，以為我可以給某些人特殊
的力量，讓他們可以進步得很快，也可以阻
礙其他的人進步。開始時，他修行得到了一
些受用，認為我是個了不起的老師，過了不
久，因為沒有多大進展，便以為我用了某種
魔咒阻礙他。

　　還有一個人告訴我，有個禪師用神通破壞他的家庭，害他心神不寧。因此要我給他一些神通力，來對抗那個禪師。我說：「他是一位禪師，依照禪的精神，他不會做那種事。」但他還是說：「不，他真的有這種力量。如果我不去他那裡，就會有麻煩。」我就說：「那你就應該經常去他那裡呀！」實際上，根本什麼也沒發生，都是他自己心中的想像。

　　我們稱這樣的修行為「外道」，因為你對自己沒有信心，而只對外在的東西有信心。中文「外道」這個名詞，通常的解釋是「在佛教信仰之外」，也就是異教的意思。可是它真正的意思，其實是「在自身之外尋

求解救」，例如從另一個人、神，甚或是佛。如此說來，有些佛教徒信奉的可能就是外道。命運掌握在自己手中，依賴別人來做決定真是愚不可及，就好比問別人自己的銀行帳戶有多少存款一樣。自己有多少力量，怎麼會不知道呢？

這不是笑話嗎？但很多人就是這樣，只要聽到某個法師會通靈或有神通，就趕緊跑去問東問西。你自己本來就有一副眼鏡，不過掉下來了，卻要借別人的來戴。

人潛在的精神力量其實很豐沛，在各種宗教都可以找到這種例證，甚至用科學的方法，也能達到這樣的力量。不過，它也幫不了你什麼大忙，因為神通無法消除人們的

業力。

　　大多數禪師都有某種程度的神通，但是原則上都不會使用。我從沒說自己有神通力，但是我的確有一種感應力，或是說對事情的敏感度。一般有神通的人多少能控制自己的神通；當他們想運用時，就可以現出神通；如果不想用，神通就不會顯現。而我的那種感應力，則是依當時的情況才會顯現。我從來不求神通，因爲不可靠，用了很危險。人們可能因爲新奇而想要神通，可是過了一陣子便會覺得無聊。因爲神通只能讓人感到刺激、興奮，而不能給人持久的安全感。我認爲那是無用的東西。

‖ 靠自己不靠神通

　　另一種神通，是用我們的心力與眾生溝通、與眾生結緣。譬如有智慧的人或大宗教家，用演說就能讓人深深感動而當場皈依，或是讓人對他和他的教法產生信心。這種情形下，耶穌、釋迦牟尼佛或孔子，都是有大神通力的人。

　　至於明朝的蕅益大師，據說他在世的時候，前來聽他說法的人，最高紀錄只有十四個。你們認為是因為他沒有神通嗎？但是這位大師對近代漢傳佛教的影響卻相當大，甚至一直延續到今天。例如在本世紀（二十世紀）的高僧之中，印光、太虛、弘一等大師

都深受他的影響。所以最好的神通力，是能夠利益世世代代的大眾，而不是短暫的刺激或興奮。

如果你信仰的是神通，又使用神通，最後它會讓你受到傷害。有許多方法可以傳授神通，而這些方法也確實存在，我也曾研究過。其中有一些真的可以治病，或是讓愚鈍的人變聰明。

然而依靠神通有個壞處；因為那不是自己原有的能力，而是從別人那裡接收來的，過一陣子終究會失去，結果甚至會比以前更糟。部分有神通的法師使用這些方法，雖然招徠許多信眾，可是最後可能會因此招徠不幸。

　　以神通招徠的信徒，一般都必須待在那位法師身邊，因爲一旦離開了，就可能會失去所有的利益。所以我現在告訴大家，絕對別冀望從法師那裡獲得任何力量，你們的自心就是種種力量的來源。我指出這一點，就是要增加大家的自信心，並在適當的時機給你們適當的方法，以幫助諸位發掘自己的力量。

▎沒有佛也沒有煩惱

　　　　淨土天宮，
　　　　逍遙任意。

你們想到淨土去嗎？很簡單，只要你的心清淨，隨處都是淨土。如果你有一顆天堂般的心，那就是在天堂之中；如果你覺得很悲慘痛苦，那就是在地獄裡。可悲的是，大多數人到地獄是不費吹灰之力，到天堂卻是困難重重。譬如我現在抓住你痛罵一頓，你鐵定馬上回嘴：「我又沒做錯事，幹嘛罵我？」

你這時的心充滿痛苦煩惱，就等於是在地獄裡一樣。如果我打你、罵你，你能夠轉變態度，深深一鞠躬，淚流滿面地說：「非常感恩您給我這個機會，來消除我深重的業障。」那你就是已在天堂裡了。

但是很少人有這樣的心。所以這兩行文

字，乍看之下很奇怪，但實際上，所有的神通、淨土、天堂就在這裡，都能夠在日常的世界裡體驗到。

不用求真，
心本是佛。

並沒有「眞心」這回事；祛除自己的妄念，那就是眞心。也沒有所謂的佛，你們的自心本來就是佛。如果心清淨，連佛都沒有。當你沒有想要成佛的心，沒有佛也沒有煩惱，此時就是眞正的佛心了。

熟處若生，

生處自熟。
二六時中，
頭頭盡妙。
觸處不迷，
是名心要。

　　當熟悉的變得陌生時，你看家人就會像
陌生人，看陌生人則像最親近的家人，這只
有真修行的人才能做到。如果你修行還不夠
深，卻看父母如同外人，而看外人也沒有像
父母一樣，那你就太荒唐離譜了。

　　現代社會有很多人，就是這樣對待父
母。一般人不應該有這種態度，還是要把自
己的家屬、親人看成是最親愛的人。

　　當你的修行工夫達到很深了，就會把所有的眾生看成自己的父母。因為你知道，自己有幸生而為人，是多生累劫因果累積的結果，其中牽涉到的眾生是無法計數。

　　明白這一點，你對一切人、事、物，自然會有一種深深的感恩心；因為別人為自己付出了那麼多，感恩之情油然而生。你也不會再去分別眾生，說「這個人給我東西，所以要感恩他」，或「那個人是我的仇敵」。

　　然而你只有一個身體和一雙手，如何能夠同時幫助所有的眾生，並且把他們當成自己的父母呢？不要讓這種無謂的妄想成為自己的負擔，只要日夜抱持精進用功的念頭就好了。如果時時刻刻保持自心的明朗和清

楚，那就沒有什麼可以困惑你，而你的感恩
也能自然而然地表露出來，沒有阻礙。

〈觀心銘〉我們已經講完了，這首詩偈
講述了心的本質和一般狀況；其中特別的
是，還能看到憨山大師對修行及開悟的詮
釋。而我是根據自己的體驗來解說的，希望
透過這首詩偈，讓各位的修行能有所依 。

（講於 1980 年 5 月紐約禪中心第一次禪七。法鼓
山國際編譯組譯 1981 年 *Ch'an Magazine* 第二卷
第五、六期 On Han Shan's Poem: "Contemplating
Mind"。）

禪修指引的詩偈

——憨山大師三「心銘」：
〈澄心銘〉、〈觀心銘〉、〈師心銘〉

釋常慧

法鼓山三學院監院

　　讀禪宗祖師的詩偈，不論內容是什麼，必有其鋪陳的邏輯結構，如果能進一步依循一些修行的次第方向來體會，則更易於體會詩偈所要表達的內涵。所謂修行的次第方

向，可以是「信、解、行、證」，也可以是「聞、思、修、證」，或者「戒、定、慧」等。若以文章鋪陳邏輯而言，完整的文體結構多不離「起、承、轉、合」的模式。

憨山大師寫了非常多的銘體詩偈，有三首心銘都以「心」為對象，也運用了三個動詞：「澄、觀、師」來呈現修心的重點，因此，是非常適合做為對讀、修相互輔助的文獻。在細讀與比對三銘的內容後，發現可以「信、解、行、證」，並搭配「起、承、轉、合」來鋪陳這三首詩偈的內容架構，同時可以理解三首詩所站的不同修行立場與達成不同的修證結果。

‖ 從澄入手、觀起行、師為上

　　首先從題名來看，三首詩偈同樣在談「心」，卻因為所使用的動詞不同，而有不同的偏重點。〈澄心銘〉重在如何讓混濁的心能夠「澄」澈寂靜，〈觀心銘〉重在諦「觀」此心清淨的本質，而〈師心銘〉則重在從各種角度「師」法（學習）至人（聖者）之心。若依修持次第來看，當心能夠澄寂下來，就能諦觀此心之本來面目，則可以依此清淨心的方向學習與長養聖者之心。

　　接下來是「破題」，即詩偈的「起」始點。三首詩之首一、二句開宗明義點出

此心即是「眞心」、是「無相」而「超乎
形器」的。直陳眾生本具如佛一樣清淨、
光明、深遠之心,重在建立修行者的信
心,是「起信」的部分。

此清淨本性何以在凡夫身上不得而
見呢?若眞的具足了又是何等樣貌呢?
「承」此「信心」而開始讓行者「理解」
及分辨修行前與修行後,心的狀態與轉
化。在〈澄心銘〉中清楚地說明因爲
「憎」、「愛」而引發煩惱,因爲煩惱而
讓無明更深,無明愈深煩惱愈重,二者互
相影響、互相增益對「我」的執著。〈師
心銘〉對「我」的過患則說得非常具體,
不僅自生障蔽、見理不明等,更因「棄己

忘真」而無法產生「智慧」。〈觀心銘〉
在凡夫心的狀態著墨不多，僅以「妄想生
怪」、「瞥爾情生，便覺恍惚」帶過，
其重在陳述聖者之心的功能，此可於最
後「合」的部分一併來看。若能三首詩
對讀，即能截長補短，更全面地理解此
「心」一體的二面。

　　心，可以清，可以濁，清濁亦在剎
那之間，端看我們如何對待此「心」，因
此，調心的方法非常重要。憨山大師之
所以在「心」的前面放入動詞而非形容
詞，可以感受到他對調心方法的重視與強
調。在〈澄心銘〉中，指引行者欲澄此
心，要「先空我相」，我相空了，「彼

從何障」？但，要能空我相，「在乎堅
忍」，能在習氣生起時，「忽然猛省、省
處即覺」，如此「一念回光」，當下即能
清涼。

　　〈師心銘〉則說：「返觀內照，念念
不住。」同樣地，〈觀心銘〉亦是用「急
處迴光，著力一照」，「念起即覺，覺即
照破」返觀此心的方法，三者都提到對心
念生起的「覺」與「照」，有「覺照」的
能力就能掃除一切虛妄境，非常類似曹洞
宗默照的方法。

▌ 看清心的本質，不被相迷

　　整體觀之，三首心銘所提到的修行方法與歷程，可以知道憨山大師傾向於建議行者先從有相著手，如：先空我相、持咒觀心等，進而覺力一照、返本心源，以達諸妄盡滅、無念無相的境界。

　　以有相的次第修行，達無相的「心本是佛」的體證，三首心銘最終會歸眾生本具佛性的如來藏思想。能如是體證者，憨山大師稱之為「至人」、「達人」，在〈師心銘〉中以「力、謹、學、行、聽、視」等來呈現行止無礙、任運自然的至人之心境功能。

　　以上簡單從題名、破題二方面，來
闡釋憨山大師的三首「心銘」，以供修學
者參考、思惟。然，祖師之心境非我凡夫
心所能揣度，每個人都會因為個人修學因
緣、修行階段而有不同的理解與體會，即
無定論也無好壞。謹於此為眾人修學之墊
腳石，期能讓後來者以更好、更高的角度
來體證。

國家圖書館出版品預行編目資料

本來面目：〈觀心銘〉講記 / 聖嚴法師著. -- 初
版. -- 臺北市：法鼓文化, 2016.08
面 ；　公分
ISBN　978-957-598-719-0（平裝）

1. 佛教修持

225.7　　　　　　　　　　　　　　　105011391

本來面目——〈觀心銘〉講記

THE ORIGINAL FACE: Collection of Talks on Contemplating Mind

著者	聖嚴法師
譯者	法鼓山國際編譯組
出版	法鼓文化
總監	釋果賢
總編輯	陳重光
編輯	詹忠謀
封面設計	王璽安
內頁美編	小工
地址	臺北市北投區11244公館路186號5樓
電話	(02)2893-4646
傳真	(02)2896-0731
網址	http://www.ddc.com.tw
E-mail	market@ddc.com.tw
讀者服務專線	(02)2896-1600
初版一刷	2016年8月
初版四刷	2023年8月
建議售價	新臺幣150元
郵撥帳號	50013371
戶名	財團法人法鼓山文教基金會—法鼓文化
北美經銷處	紐約東初禪寺
	Chan Meditation Center (New York, USA)
	Tel: (718)592-6593　E-mail: chancenter@gmail.com

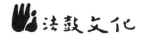